Date: 10/24/18

¡QUE VIVAN LOS CHEFS!

por Kurt Waldendorf

BUMBA BOOKS™ en español

EDICIONES LERNER ◆ MINNEAPOLIS

Nota para los educadores:

En todo este libro, usted encontrará preguntas de reflexión crítica. Estas pueden usarse para involucrar a los jóvenes lectores a pensar de forma crítica sobre un tema y a usar el texto y las fotos para ello.

ediciones Lerner
Una división de Lerner Publishing Group, Inc.
241 First Avenue North
Mineápolis, MN 55401, EE. UU.

Si desea averiguar acerca de niveles de lectura y para obtener más información, favor consultar este título en www.lernerbooks.com

Library of Congress Cataloging-in-Publication Data

Names: Waldendorf, Kurt, author.
Title: ¡Que vivan los chefs! / por Kurt Waldendorf.
Other titles: Hooray for chefs! Spanish
Description: Minneapolis : Ediciones Lerner, [2018] | Series: Bumba books, en español. ¡Que vivan los ayudantes comunitarios!
   | Translation of: Hooray for chefs! | Audience: Age 4–7. | Audience: K to grade 3. | Includes bibliographical references and index.
Identifiers: LCCN 2016042734 (print) | LCCN 2016046040 (ebook) | ISBN 9781512441345 (lb : alk. paper) | ISBN
   9781512453843 (pb : alk. paper) | ISBN 9781512449730 (eb pdf)
Subjects: LCSH: Cooks—Juvenile literature. | Cooking—Vocational guidance—Juvenile literature.
Classification: LCC TX652.5 .W332518 2017 (print) | LCC TX652.5 (ebook) | DDC 641.5023—dc23

LC record available at https://lccn.loc.gov/2016042734

Fabricado en los Estados Unidos de América
1 – CG – 7/15/17

Tabla de contenido

Creadores de comida

Los chefs crean comida para que

la gente se la coma.

Los chefs trabajan en cocinas.

Los chefs saben qué sabe bien.

Ellos mezclan comidas.

Usan recetas.

Los chefs preparan
ingredientes.
Ellos los cortan
y los trituran.

¿Por qué piensas que hay que cortar ciertos ingredientes?

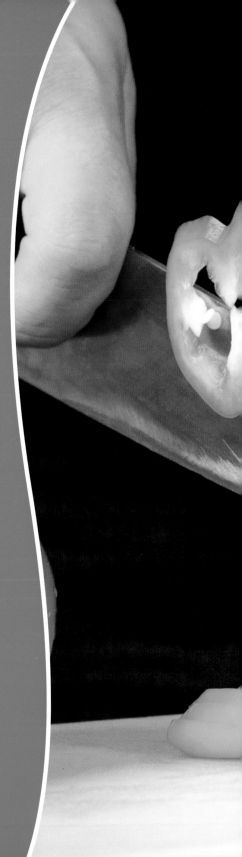

Los chefs mezclan los ingredientes.

Ellos los cocinan.

Este chef fríe vegetales en una sartén.

Los chefs pasteleros hornean.

Ellos hacen postres.

Este chef hornea muffins y panecillos.

¿Puedes nombrar otras comidas que un chef pastelero hornea?

Los chefs escogen comidas para

los menús.

La gente escoge comida

de los menús.

Algunas personas estudian en
universidades para convertirse
en chefs.

Otras personas aprenden
en las cocinas.

chef ejecutivo

Los chefs tienen que trabajar mucho

para ser chefs ejecutivos.

Los chefs ejecutivos están a cargo

de las cocinas.

¿Por qué piensas que las cocinas necesitan chefs ejecutivos?

Los chefs trabajan en

muchos lugares

con cocinas.

Les ayudan a las personas

a disfrutar su comida.

Herramientas del chef

ollas y sartenes

horno

guantes para horno

charola para hornear

estufa

cuchillo

Glosario de las fotografías

chefs pasteleros

chefs que hacen productos horneados dulces

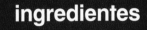
ingredientes

comida utilizada para hacer una receta

menús

listas de opciones de comida en un restaurante

recetas

instrucciones para hacer comida

Leer más

Askew, Amanda. *Chef.* Irvine, CA: QEB, 2010.

Liebman, Dan. *I Want to Be a Chef.* Buffalo, NY: Firefly Books, 2012.

Neister, Kari. *Chefs.* Minneapolis: Bullfrog Books, 2015.

Índice

Crédito fotográfico